AF205501

Impressum
Verlag: BABADADA GmbH, Nedderfeld 112 , 22529 Hamburg
Geschäftsführer / Verlagsleitung: Harald Hof
Druck: Books on Demand GmbH, In de Tarpen 42, 22848 Norderstedt

Imprint
Publisher: BABADADA GmbH, Nedderfeld 112 , 22529 Hamburg, Germany
Managing Director / Publishing direction: Harald Hof
Print: Books on Demand GmbH, In de Tarpen 42, 22848 Norderstedt, Germany

shkolla

училище

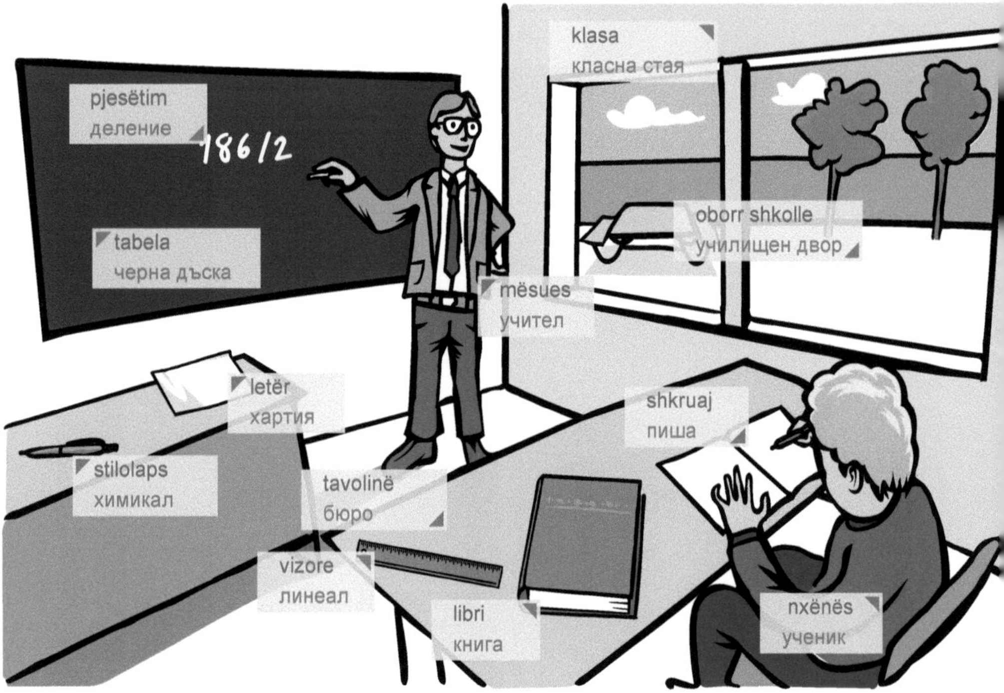

klasa
класна стая
pjesëtim
деление
186/2
tabela
черна дъска
oborr shkolle
училищен двор
mësues
учител
letër
хартия
shkruaj
пиша
stilolaps
химикал
tavolinë
бюро
vizore
линеал
libri
книга
nxënës
ученик

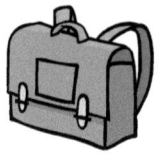

çantë

ученическа раница

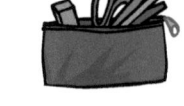

mbajtëse lapsash

ученически несесер

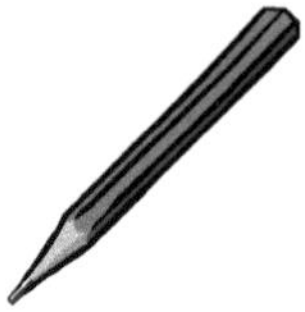

laps

молив

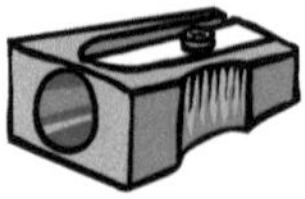

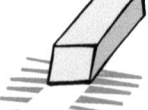

mprehës lapsash

острилка за моливи

gomë

гума

fletore vizatimi

блок за рисуване

vizatim

рисунка

penel

четка

kuti bojërash

акварелни бои

gërshërë

ножица

ngjitës

лепило

fletore detyrash

тетрадка за упражнения

detyrë shtëpie

домашна работа

numër

число

mbledh

събиране

zbres

изваждане

shumëzoj

умножение

llogaris

смятане

gërmë

буква

alfabeti

азбука

fjalë

дума

tekst

текст

lexoj

чета

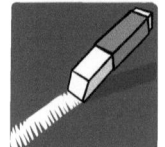

shkumës

тебешир

mësim

час

regjistër

дневник на класа

provim

изпит

çertifikatë

свидетелство

uniformë shkolle

ученическа униформа

arsimim

образование

enciklopedia

справочник

universitet

университет

mikroskop

микроскоп

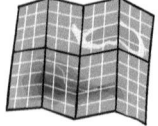

hartë

карта

kosh letrash

кошче за хартиени отпадъци

hotel
хотел

Grand

bujtinë
хостел

ROOMS

pikë këmbimi valutor
обменно бюро

EXCHANGE

valixhe
куфар

makinë
кола

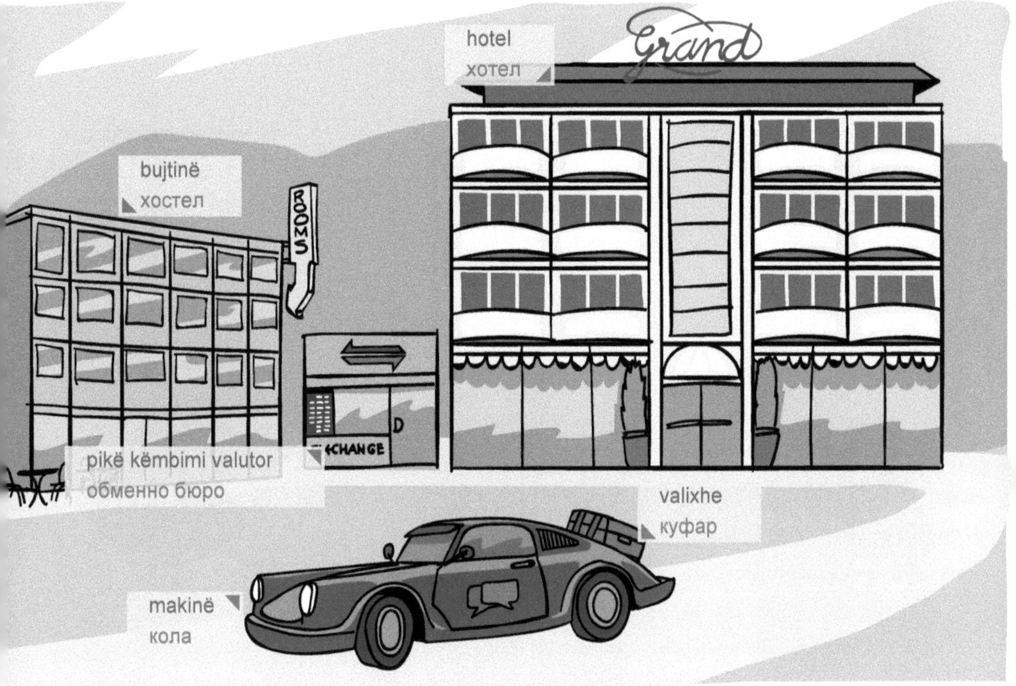

gjuhë
език

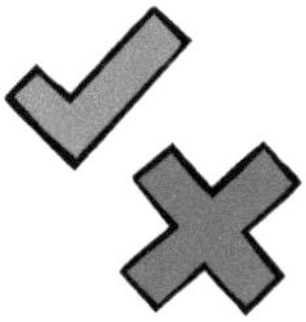

po / jo
да / не

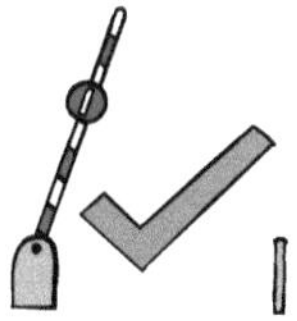

Në rregull
Окей

ç'kemi
здравей

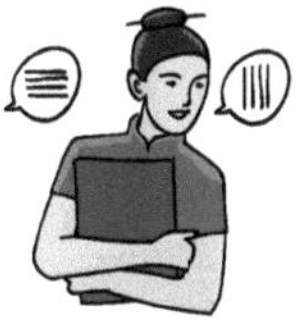

përkthyes
преводач

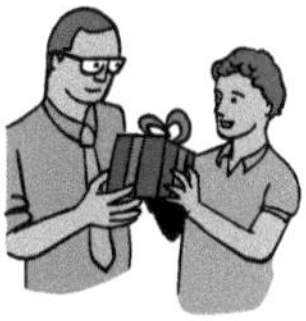

Faleminderit
Благодаря

sa kushton…?

Колко струва…?

nuk e kuptoj

Не разбирам

problem

проблем

Mirëmbrëma!

Добър вечер!

Mirëmëngjes!

Добро утро!

Natën e mirë!

Лека нощ!

mirupafshim

довиждане

drejtim

посока

bagazhet

багаж

çantë

пътна чанта

çantë shpine

раница

mysafir

посетител

dhomë

стая

thes gjumi

спален чувал

tendë

палатка

informacion për turistët

туристическа информация

plazh

плаж

kartë krediti

кредитна карта

mëngjes

закуска

drekë

обед

darkë

вечеря

Biletë

билет

ashensor

асансьор

pulla

пощенска марка

kufi

граница

doganë

митница

ambasadë

посолство

vizë

виза

pasaportë

паспорт

transport
транспорт

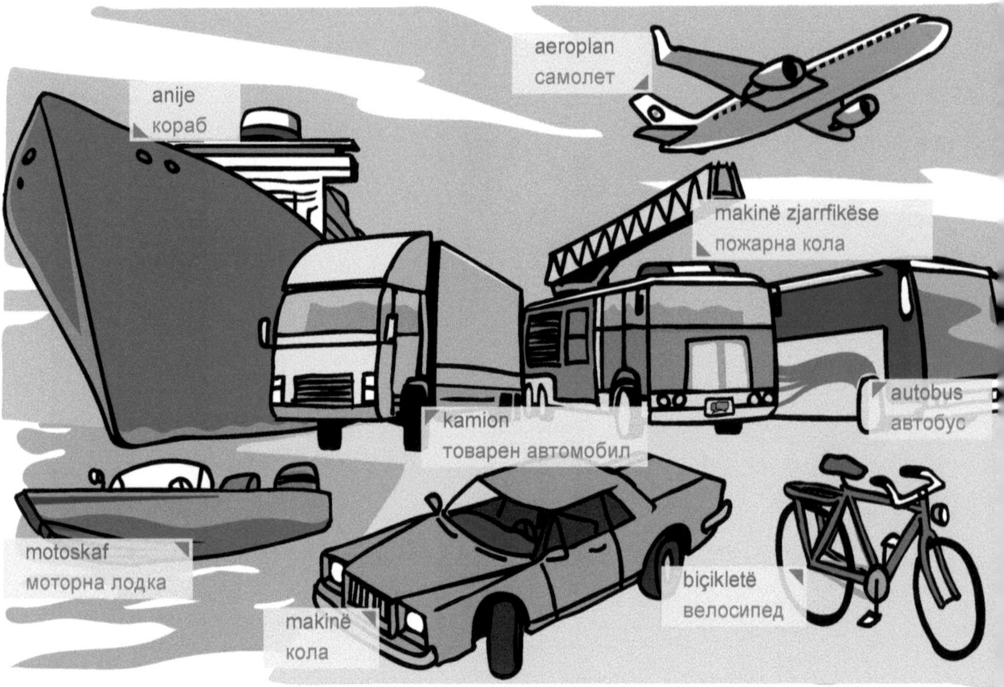
aeroplan
самолет
anije
кораб
makinë zjarrfikëse
пожарна кола
autobus
автобус
kamion
товарен автомобил
motoskaf
моторна лодка
biçikletë
велосипед
makinë
кола

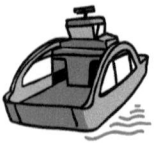

traget
....
ферибот

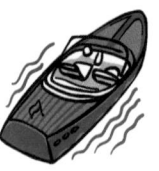

varkë
....
лодка

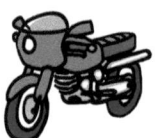

motoçikletë
....
мотоциклет

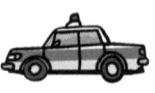

makinë policie
....
полицейска кола

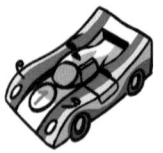

makinë garash
....
състезателна кола

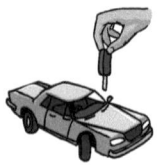

makinë me qira
....
кола под наем

darje e qirasë së makinës

каршеринг

karroatrec

автомобил от "Пътна помощ"

makinë plehrash

сметовоз

motor

двигател

benzinë

бензин

pikë karburanti

бензиностанция

sinjalistikë trafiku

пътен знак

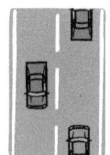

trafik

улично движение

bllokim trafiku

задръстване

parkim makinash

паркинг

stacion treni

гара

trase

релси

tren

влак

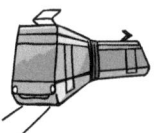

tramvaj

трамвай

karro

вагон

helikopter

хеликоптер

aeroport

аерогара

kullë

кула

pasagjer

пасажер

kontenier

контейнер

kuti kartoni

кашон

qerre

ръчна количка

shportë

кошница

ngrihem / ulem

излитам / приземявам се

qytet

град

fshat

село

qendra e qytetit

градски център

shtëpi

къща

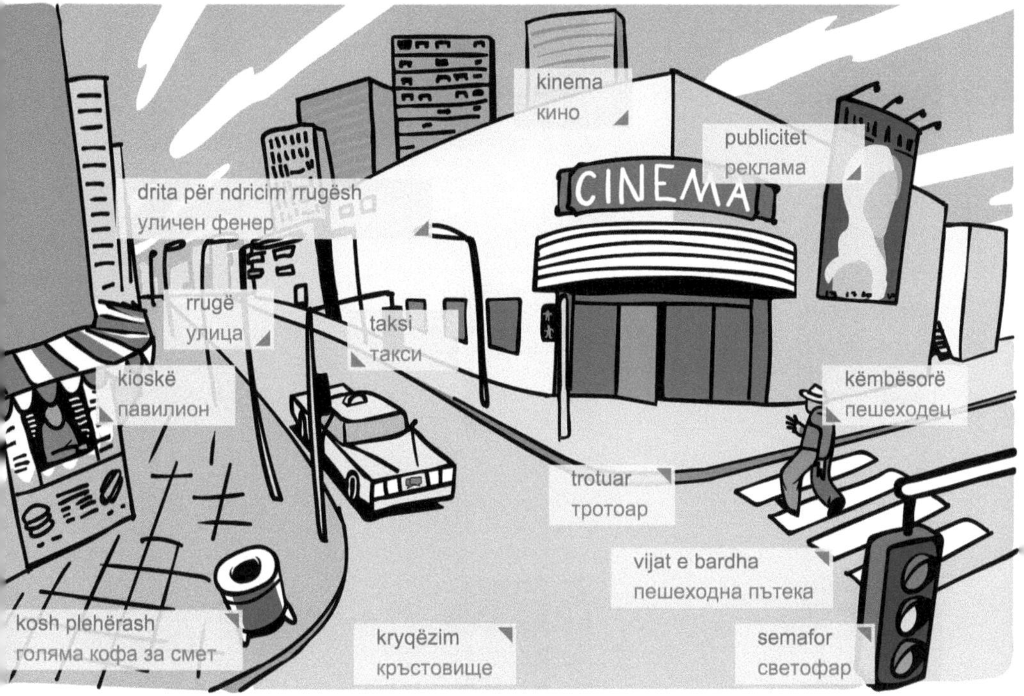

kinema
кино

publicitet
реклама

drita për ndricim rrugësh
уличен фенер

CINEMA

rrugë
улица

taksi
такси

kioskë
павилион

këmbësorë
пешеходец

trotuar
тротоар

vijat e bardha
пешеходна пътека

kosh plehërash
голяма кофа за смет

kryqëzim
кръстовище

semafor
светофар

kasolle

хижа

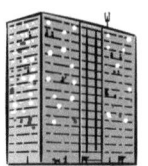

apartament

жилище

stacion treni

гара

bashki

кметство

muze

музей

shkolla

училище

qytet - град

universitet

университет

bankë

банка

spital

болница

hotel

хотел

farmaci

аптека

zyrë

офис

librari

книжарница

dyqan

магазин за цветя

dyqan lulesh

магазин за цветя

supermarket

супермаркет

market

пазар

mapo

универсален магазин

dyqan peshku

търговец на риба

qëndër tregtare

търговски център

port

пристанище

park

парк

stol

пейка

urë

мост

shkallë

стълба

metro

метро

tunel

тунел

stacion autobuzi

автобусна спирка

bar

бар

restorant

ресторант

kuti postare

пощенска кутия

sinjalistikë rrugore

улична табелка

kohëmatës parkimi

часовник за паркинг
престой

kopsht zoologjik

зоологическа градина

pishinë

плувен басейн

xhami

джамия

fermë

селски двор

ndotje

замърсяване на околната среда

varrezë

гробище

kishë

църква

shesh lojërash

детска площадка

tempull

храм

peisazh

пейзаж

gjethe
листо

tabela orientuese
пътепоказател

rrugë
път

livadh
ливада

gurë
камък

ekskursionist
пътешественик

pemë
дърво

lumë
река

bar
трева

lule
цвете

luginë

долина

kodër

планина

liqen

море

pyll

гора

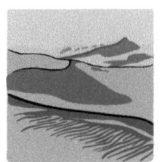

shkretëtirë

пустиня

vullkan

вулкан

kështjellë

замък

ylber

дъга

kepudhë

гъба

palmë

палма

mushkonjë

комар

mizë

муха

milingonë

мравка

bletë

пчела

merimangë

паяк

brumbull

бръмбар

bretkosë

жаба

ketër

катеричка

iriq

таралеж

lepur

заек

buf

кукумявка

zog

птица

mjellmë

лебед

derr i egër

диво прасе

dre

елен

dre brilopatë

лос

digë

бент

turbinë ere

вятърна турбина

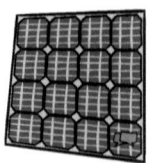

panel diellor

соларен модул

klimë

климат

restorant

ресторант

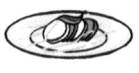

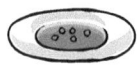

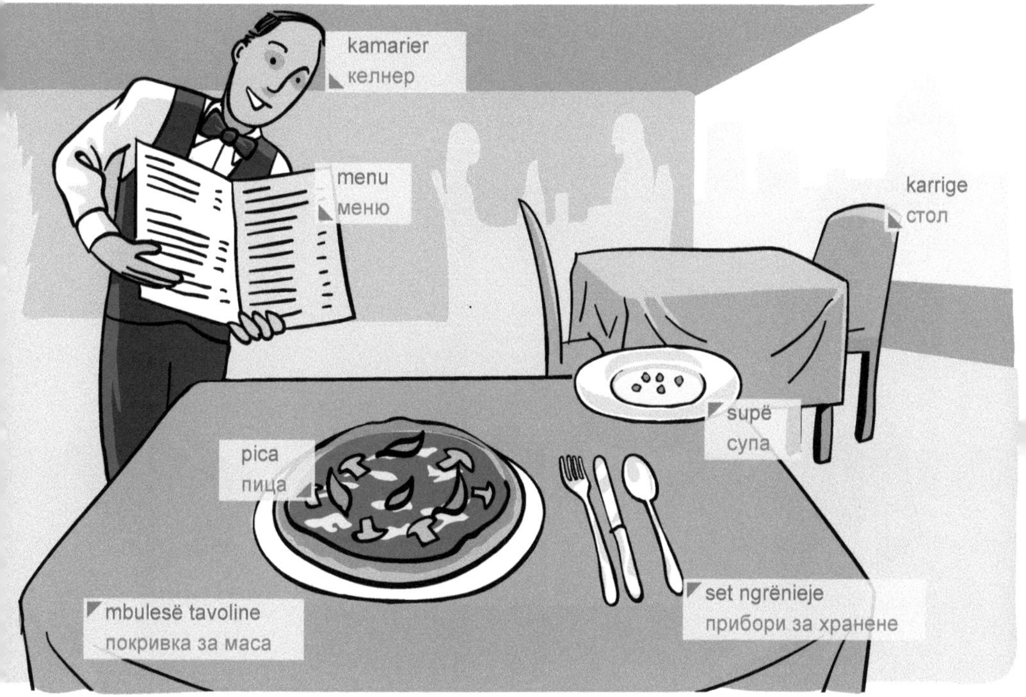

kamarier
келнер
menu
меню
karrige
стол
supë
супа
pica
пица
mbulesë tavoline
покривка за маса
set ngrënieje
прибори за хранене

pjatë e parë

предястие

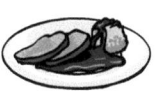

pjatë kryesore

основно ястие

ëmbëlsirë

десерт

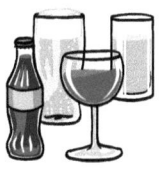

pije

напитки

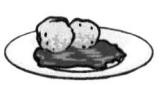

ushqim

ядене

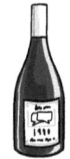

shishe

бутилка

ushqim i shpejtë

бързо хранене

ushqim i shërbyer në rrugë

улична храна

ibrik çaji

кана за чай

kuti sheqeri

кутия за захар

racion

порция

makinë kafeje ekspres

еспресо машина

karrige e lartë

висок детски стол

faturë

сметка

tabaka

табла

thika

ножица за нокти

pirun

вилица

lugë

лъжица

lugë çaji

чаена лъжичка

pecetë

салфетка

gotë

стъклена чаша

restorant - ресторант

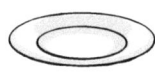

pjatë

чиния

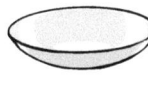

pjatë supe

чиния за супа

pjatë filxhani

чинийка

salcë

сос

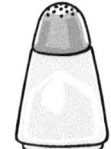

mbajtëse kripe

солница

mulli piperi

мелничка за черен пипер

uthull

оцет

vaj

олио

erëza

подправки

keçap

кетчуп

mustardë

горчица

majonezë

майонеза

supermarket

супермаркет

ofertë speciale
оферта
klient
клиент
produkte bulmeti
млечни продукти
FOR
frut
плодове
karrocë pazari
количка за покупки

BUTCHERS

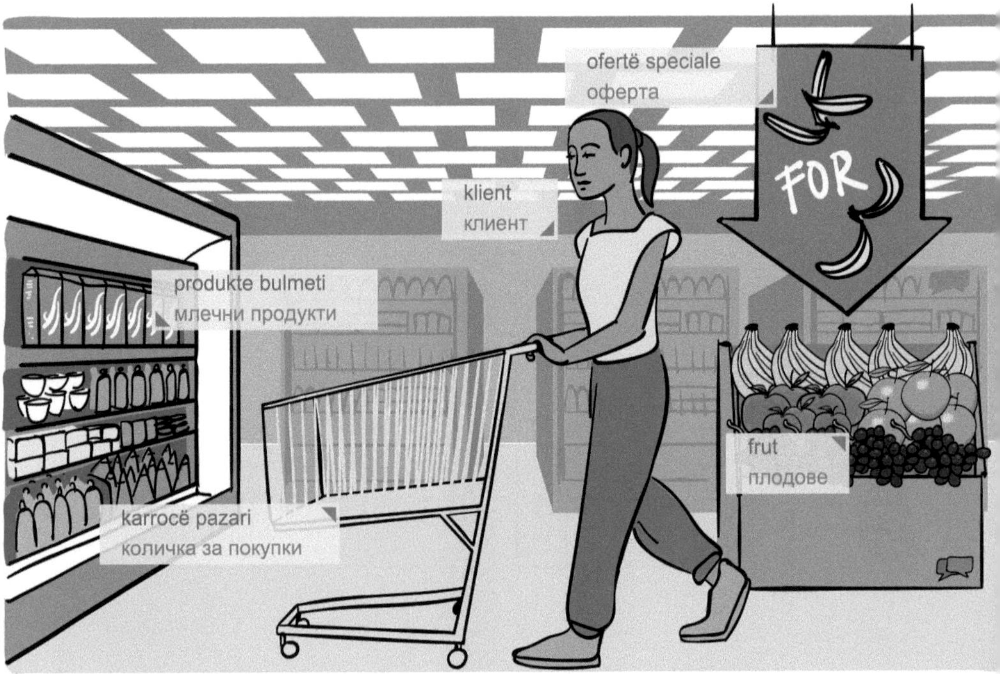

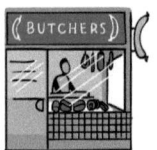

dyqan mishi

кланица

BAKERY

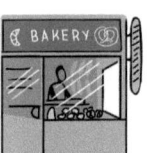

furrë buke

хлебарница

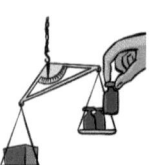

peshoj

тегля

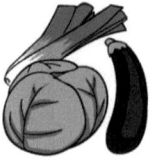

perime

зеленчуци

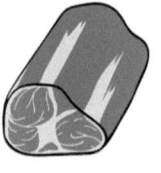

mish

месо

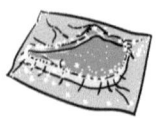

ushqim i ngrirë

дълбоко замразена храна

copë

нарязан колбас или
сирене

ushqim i konservuar

консерви

pluhur larës

перилен препарат

ëmbëlsirat

лакомства

prodhime shtëpie

домакински изделия

produkte pastrimi

почистващи препарати

shitëse

продавачка

kasë fiskale

каса

arkëtar

касиер

listë blerjeje

списък на покупките

oraret e punës

работно време

portofol

портфейл

kartë krediti

кредитна карта

çantë

чанта

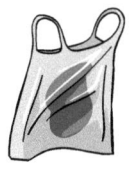

qese plastike

пластмасова торба

ucustomary
ujë
вода

lëng frutash
сок

qumësht
мляко

koka-kola
кола

verë
вино

birrë
бира

alkool
алкохол

kakao
какао

çaj
чай

kafe
кафе машина

kafe ekspres
еспресо

kapuçino
капучино

banane

банан

mollë

ябълка

portokalle

портокал

pjepër

пъпеш

limon

лимон

karrotë

морков

hudhër

чесън

bambu

бамбук

qepë

лук

kërpudha

гъба

arra

ядки

makarona

макарони

spageti

спагети

oriz

ориз

sallatë

салата

patate të skuqura

пържени картофи

patate të skuqura

печени картофи

pica

пица

hamburger

хамбургер

sanduiç

сандвич

shnicel

шницел

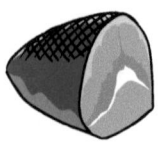

proshutë

шунка

sallam

траен колбас

salçiçe

салам

pulë

пиле

skuq

печено

peshk

риба

tërshërë

овесени ядки

drithëra

мюсли

kornfleiks

корнфлейкс

miell

брашно

kruasant

кроасан

panine

хлебчета

bukë

хляб

tost

препечена филийка

biskotë

бисквити

gjalp

масло

gjizë

извара

tortë

сладкиш

vezë

яйце

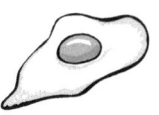

vezë sy

яйца на очи

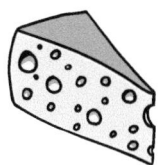

djathë

сирене

akullore

сладолед

sheqer

захар

mjaltë

мед

marmaladë

мармалад

çokokrem

нуга крем

këri

къри

shtëpi fermë
селска къща

hangar
плевня

deng bari
бала сено

fushë
поле

kal
кон

rimorkio
ремарке

traktor
трактор

kërriç
конче

gomar
магаре

dele
овца

qengj
агне

dhi

коза

lopë

крава

viç

теле

derr

свиня

derrkuc

прасенце

dem

бик

patë

гъска

rosë

патица

zog pule

пиленце

pulë

кокошка

gjel

петел

mi

плъх

mace

котка

mi

мишка

buall

вол

qen

куче

kolibe qeni

кучешка колиба

zorrë vaditëse

градински маркуч

vaditëse

лейка

kosë

коса

plug

плуг

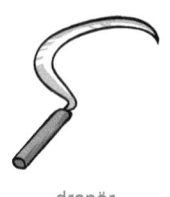

drapër
сърп

shat
мотика

kosa
вила за тор

sëpatë
брадва

karrocë
ръчна количка

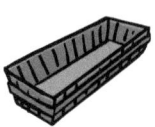

govatë
корито

bidon qumështi
съд за мляко

thes
чувал

gardh
ограда

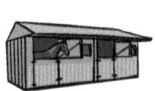

ahur
обор

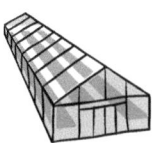

serë
парник

dhe
земя

farë
сеитба

pleh
тор

autokombanjë
комбайн

korr

жъна

te korrat

реколта

patate e ëmbël "Yam"

ямс

grurë

жито

soja

соя

patate

картоф

misër

царевица

raps

рапица

pemë frutore

овощно дърво

zhardhok manioku

маниока

drithëra

зърнени храни

shtëpi
къща

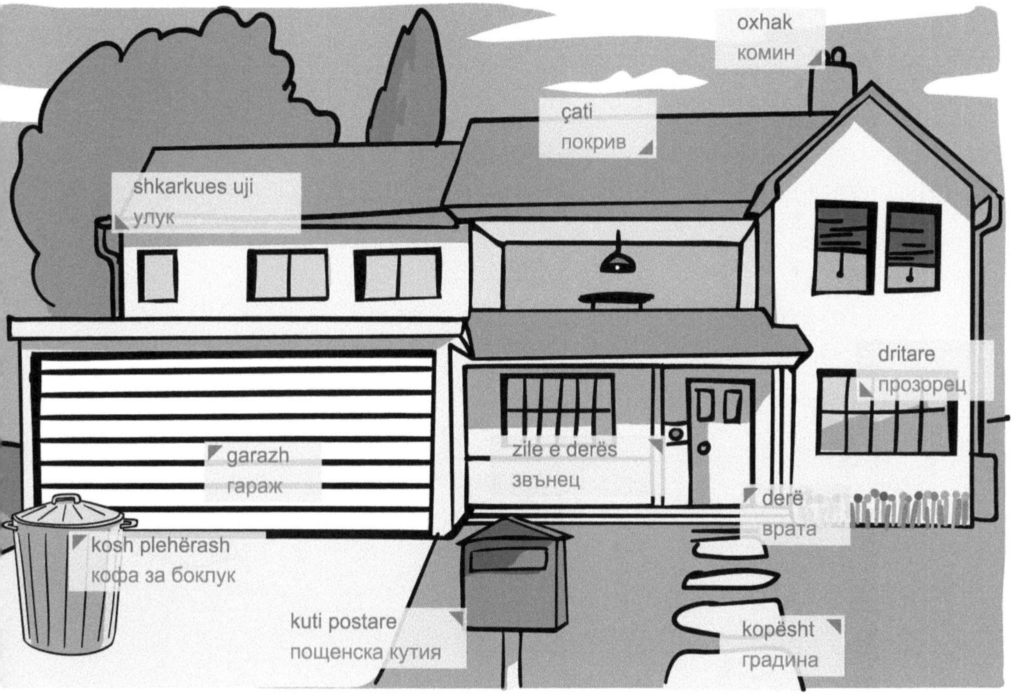
oxhak
комин
çati
покрив
shkarkues uji
улук
dritare
прозорец
zile e derës
звънец
garazh
гараж
derë
врата
kosh plehërash
кофа за боклук
kuti postare
пощенска кутия
kopësht
градина

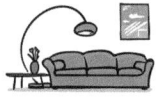

dhomë ndenjeje
всекидневна

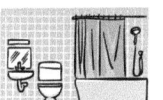

tualet
баня

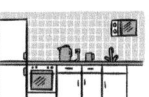

kuzhinë
кухня

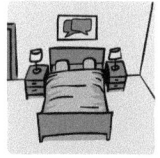

dhomë gjumi
спалня

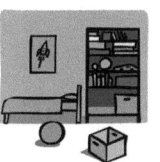

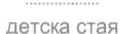

dhomë fëmijësh
детска стая

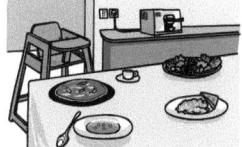

dhomë ngrënieje
трапезария

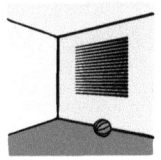

dysheme
под

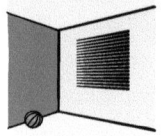

mur
стена

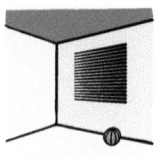

tavan
таван

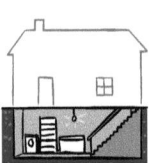

bodrum
изба

sauna
сауна

ballkon
балкон

tarracë
тераса

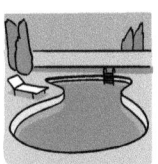

pishinë
плувен басейн

kositëse bari
косачка

çarçaf
спално бельо

kuvertë
покривка за легло

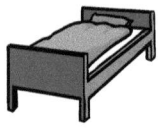

krevat
легло

fshesë dore
метла

kovë
кофа

çelës
електрически ключ

dhomë ndenjeje

всекидневна

tapiceri
тапет
fotografi
картина
llambë
лампа
raft
рафт
dollap
шкаф
pajisje televizive
телевизор
vatër
камина
lule
цвете
jastëk
възглавница
divan
канапе
vazo
ваза
telekomandë
дистанционно управление

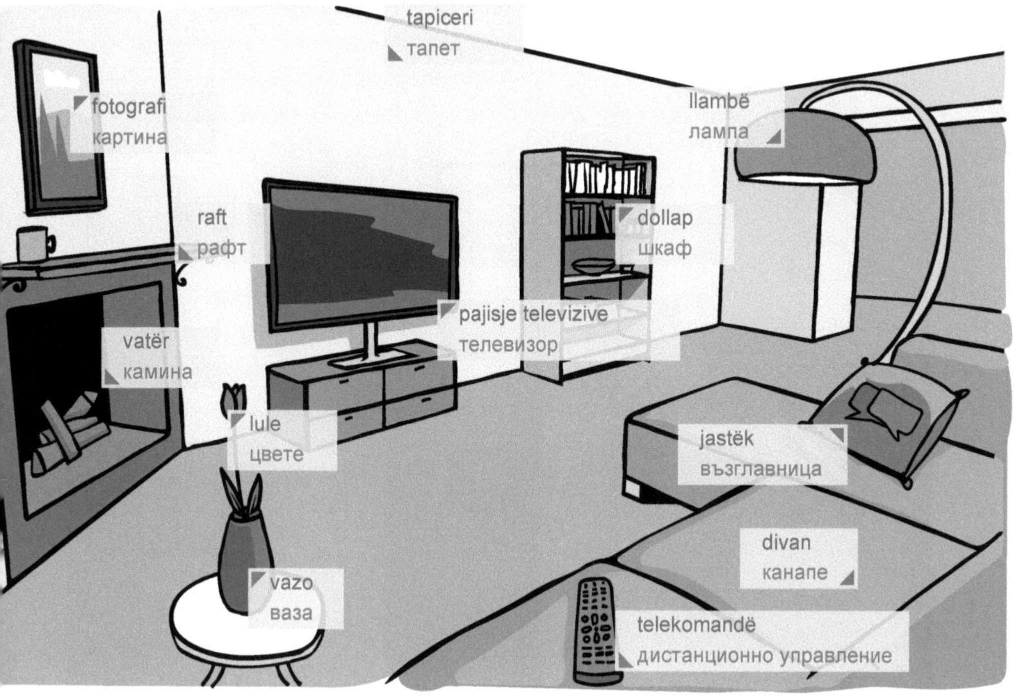

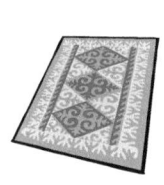

qilim

килим

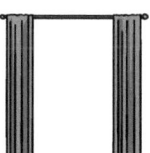

perde

завеса

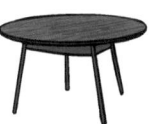

tavolinë

маса

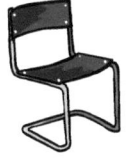

karrige

стол

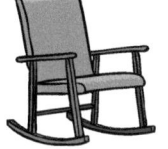

karrige lëkundëse

люлеещ се стол

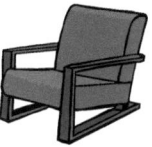

kolltuk

кресло

libri

книга

batanije

одеяло

zbukurime

декорация

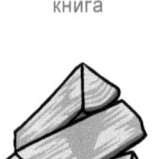

dru zjarri

дърва за отопление

film

филм

stereo

стерео уредба

çelës

ключ

gazetë

вестник

pikturë

живопис

afishe

постер

radio

радио

bllok shënimesh

бележник

fshesë me korent

прахосмукачка

kaktus

кактус

qiri

свещ

kuzhinë

кухня

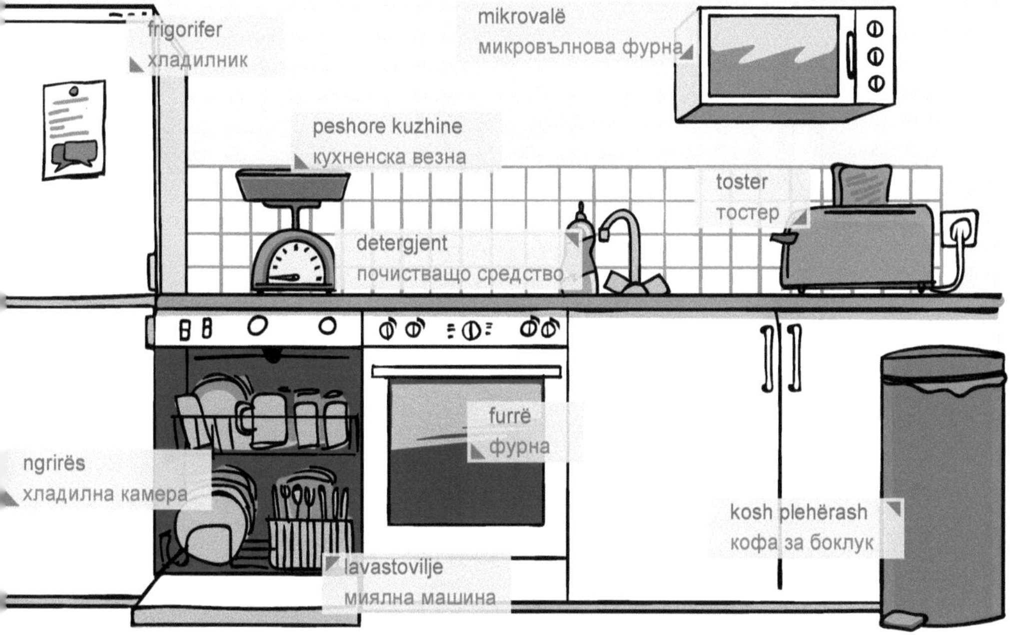
frigorifer
хладилник
mikrovalë
микровълнова фурна
peshore kuzhine
кухненска везна
toster
тостер
detergjent
почистващо средство
furrë
фурна
ngrirës
хладилна камера
kosh plehërash
кофа за боклук
lavastovilje
миялна машина

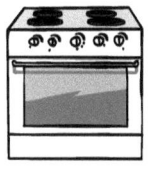

sobë

готварска печка

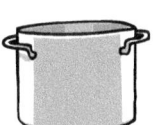

tenxhere

тенджера

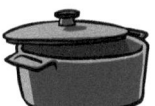

tenxhere me kapak

желязна тенджера

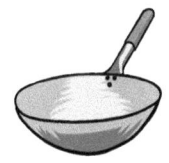

tigan special (Wok)

уок / кадаи

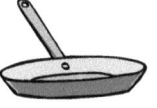

tigan

тиган

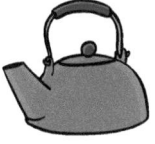

çajnik

кана за затопляне на вода

tenxhere me avull

уред за готвене на пара

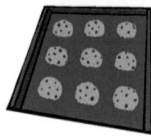

tavë pjekjeje

тава за печене

enë

съдове

filxhan

чаша

tas

купа

shkopinj

клечки за хранене

garuzhde

черпак

spatul

лопатка за тиган

tel kuzhine

тел за разбиване (на яйца, белтъци)

kulluese

кошница за варене

sitë

гевгир

rende

ренде

havan

хаван

skarë

барбекю

zjarr

огнище

dërrasë për prerje

дъска

okllai

точилка

heqëse tapash

тирбушон

kanaçe

кутия

hapëse kanaçeje

отварачка за консерви

rrobë për të kapur
tenxheren

кухненска ръкохватка

lavaman

мивка

furçë

четка

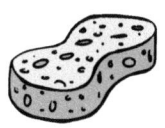

sfungjer

гъба

përzjerës

миксер

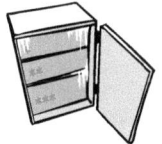

ngrirës

фризер

biberon për lëngje

бебешко шише

rubinet

воден кран

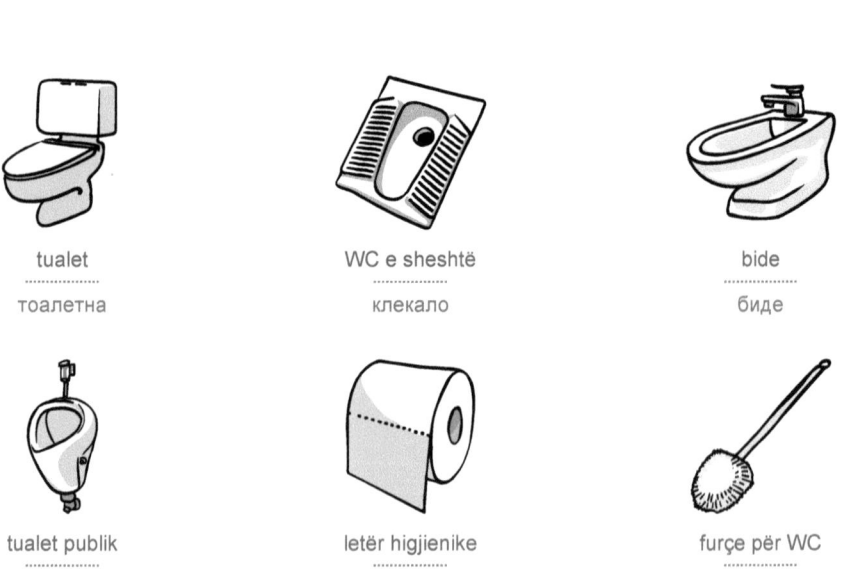

tualet

баня

dush
душ
ngrohje
отопление
peshqirë
хавлиена кърпа
perde dushi
завеса за баня
vaskë me shkumë
шампоан за вана
vaskë
вана
gotë
стъклена чаша
lavatriçe
перална машина
rubinet
воден кран
pllaka
плочки
oturak
гърне
lavaman
мивка

tualet

тоалетна

WC e sheshtë

клекало

bide

биде

tualet publik

писоар

letër higjienike

тоалетна хартия

furçe për WC

четка за тоалетна

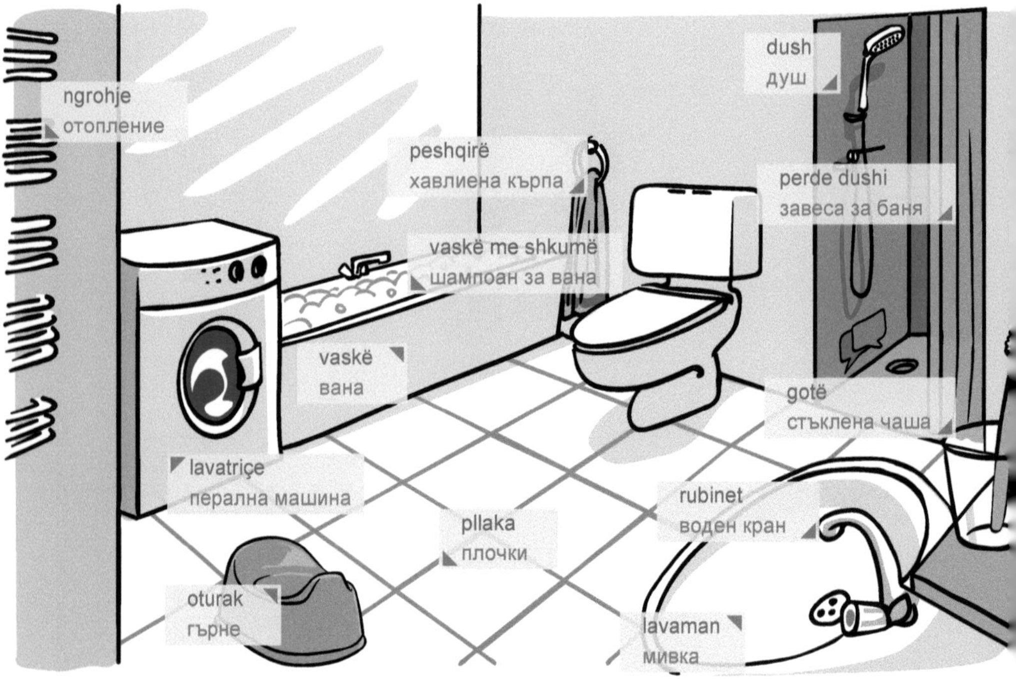

furçë dhëmbësh

четка за зъби

pastë dhëmbësh

паста за зъби

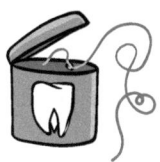

fije dentare

конец за зъби

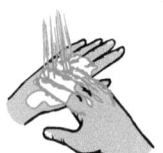

laj

мия

dorezë dushi

ръчен душ

larës për zonën intime

интимен душ

legen

леген

furçë për masazh shpine

четка за гръб

sapun

сапун

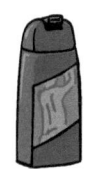

shampo trupi

душ гел

shampo

шампоан за вана

leckë pastruese

гъба за баня

kullues

сифон

krem

крем

antidjersë

дезодорант

pasqyrë

огледало

pasqyrë dore

козметично огледало

brisk rroje

ръчна самобръсначка

shkumë rroje

пяна за бръснене

locion pas rrojes

одеколон за след бръснене

krehër

гребен

furçë

четка

tharëse flokësh

сешоар

llak për flokët

спрей за коса

grim

грим

buzëkuq

червило

manikyr

лак за нокти

mbushje pambuku

памук

gërshërë për thonj

ножица за нокти

parfum

парфюм

antë për sendet personale

толетна чантичка

Stol

табуретка

peshore

везна

robëdëshambër

хавлия

dorashka gome

домакински ръкавици

tampon

тампон

peceta higjienike

дамски превръзки

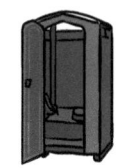

tualet I lëvizshëm

химическа тоалетна

dhomë fëmijësh

детска стая

orë me zile
будилник
lodra me pellushë
плюшена играчка
makinë lodër
автомобил играчка
rraketake
дрънкалка
shtëpi kukullash
къща за кукли
dhuratë
подарък

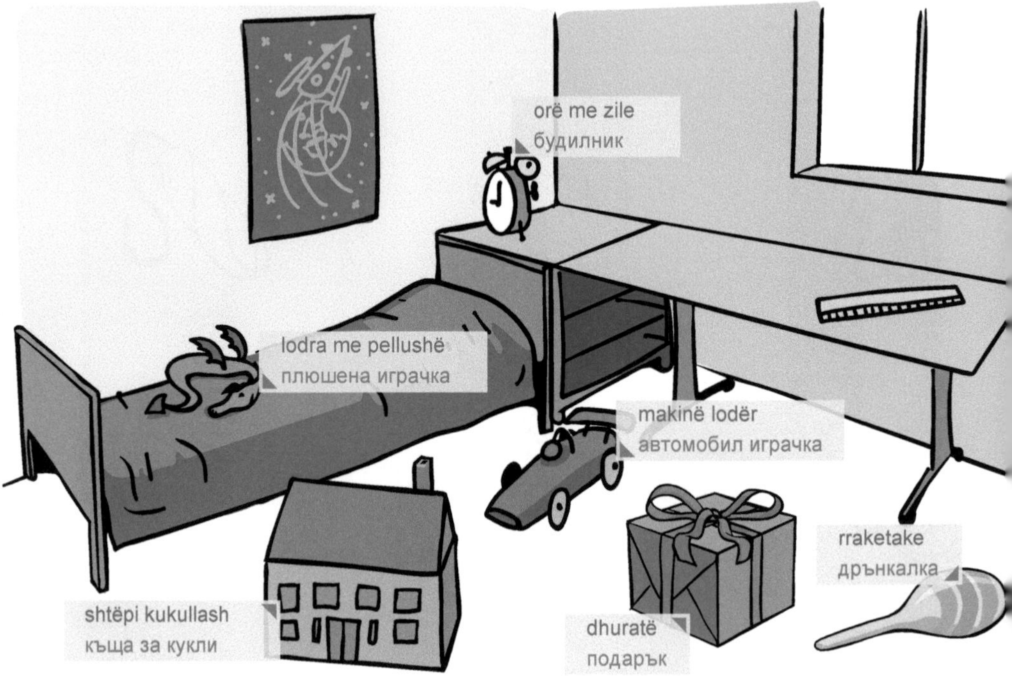

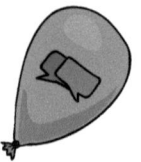

tollumbace

балон

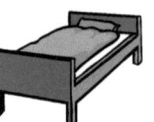

krevat

легло

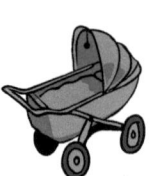

karrocë fëmijësh

детска количка

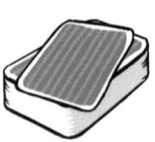

lojë me letra

игра на карти

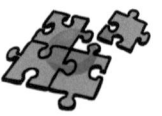

bashkim pjesësh me figura

пъзел

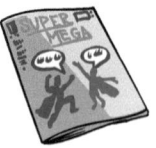

komik

комикс

formuese lodër

лего елементи

kuba plastikë

строителни елементи

lodra

екшън фигурка

badi

бебешки гащеризон

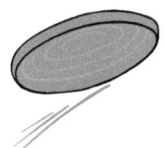

frizbi

фрисби

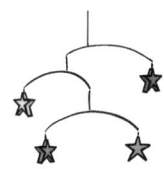

lodra të varura tek krevati i fëmijëve

бебешки играчки за легло

tavolinë lojërash

настолна игра

zare

зарче

model treni

миниатюрно влакче

biberon

биберон

festë

парти

libër me ilustrime

детска книга с илюстрации

top

топка

kukull

кукла

luaj

играя

grumbull rëre

пясъчник

kolovarëse

люлка

lodra

играчка

leva për lojra video

игрова конзола

triçikël

велосипед с три колелета

arush prej pellushi

плюшено мече

garderobë

гардероб

veshje

облекло

çorape

къси чорапи

çorape të gjata

дълги чорапи

geta

чорапогащник

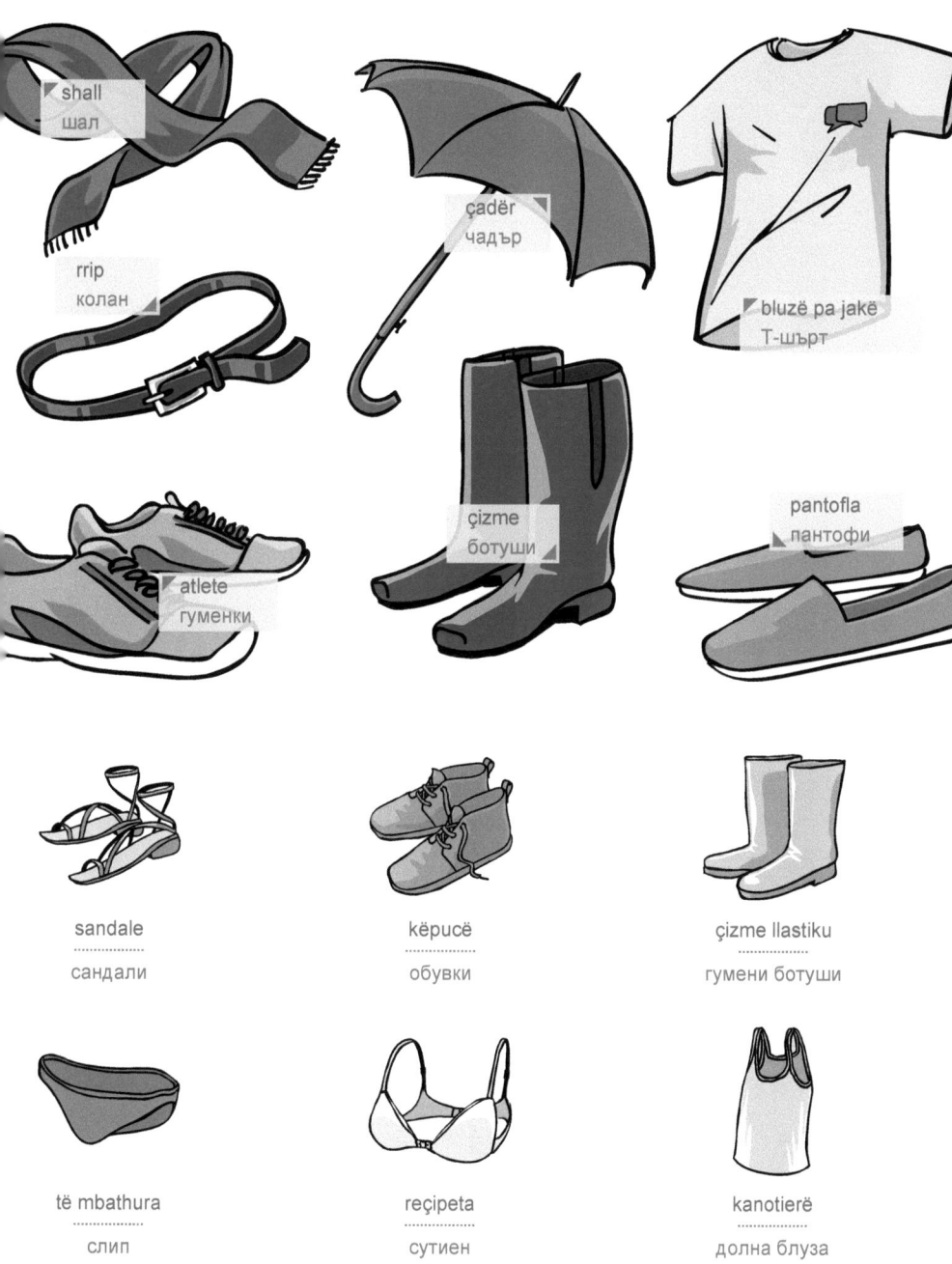

shall
шал

rrip
колан

çadër
чадър

bluzë pa jakë
Т-шърт

çizme
ботуши

pantofla
пантофи

atlete
гуменки

sandale
....
сандали

këpucë
....
обувки

çizme llastiku
....
гумени ботуши

të mbathura
....
слип

reçipeta
....
сутиен

kanotierë
....
долна блуза

trup

боди

pantallona

панталон

xhinse

дънки

fund

пола

bluzë

блуза

këmishë

риза

pulovër

пуловер

triko

суичър

xhaketë

блейзър

xhaketë

яке

pallto

палто

mushama shiu

дъждобран

kostum

костюм

fustan

рокля

fustan nusërie

булчинска рокля

kostum

костюм

këmishë nate

нощница

pizhama

пижама

sari (veshje tradicionale indiane)

сари

shami koke

кърпа за глава

çallmë

тюрбан

eshje për femrat e besimit musliman

бурка

kaftan (lloj veshjeje tradicionale)

кафтан

ferexhe

абая

kostum banje

бански костюм

rroba banje

плувни шорти

pantallona të shkurtra

къс панталон

tuta sporti

анцуг

përparëse

престилка

dorashka

ръкавици

kopsë

копче

syze

очила

byzylyk

гривна

gjerdan

верижка

unazë

пръстен

vath

обеца

kapuç

каскет

varëse për pallto

закачалка

kapele

шапка

kravatë

вратовръзка

zinxhir

цип

helmetë

каска

tiranda

тиранти

uniformë shkolle

ученическа униформа

uniformë

униформа

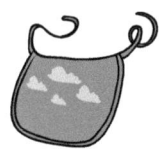

gushore

лигавник

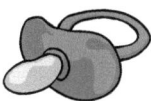

biberon

биберон

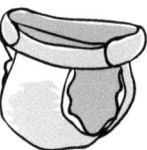

pelenë

пелена

zyrë

офис

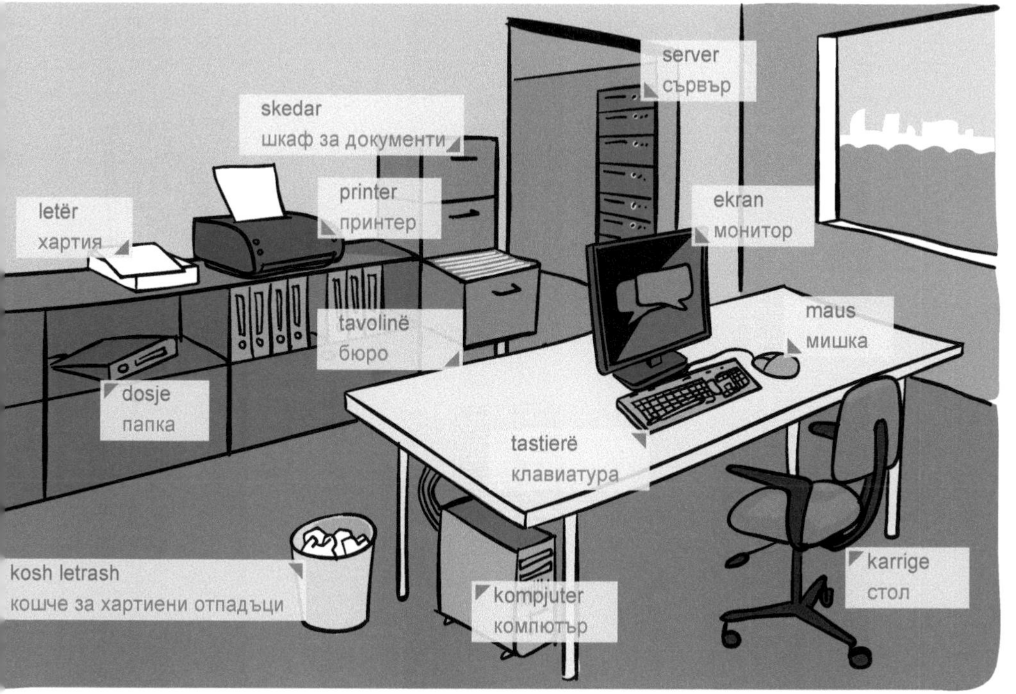
server
сървър
skedar
шкаф за документи
printer
принтер
letër
хартия
ekran
монитор
tavolinë
бюро
maus
мишка
dosje
папка
tastierë
клавиатура
kosh letrash
кошче за хартиени отпадъци
kompjuter
компютър
karrige
стол

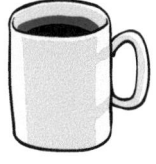

filxhan kafeje

чаша за кафе

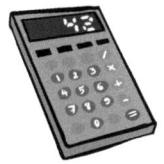

makinë llogaritëse

джобен калкулатор

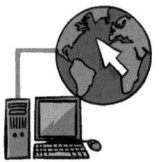

internet

интернет

kompjuter portativ

лаптоп

letër

писмо

mesazh

съобщение

telefon

мобилен телефон

rrjet

мрежа

fotokopje

ксерокс

program

софтуер

telefon

телефон

prizë

контакт

pajisje faksi

факс

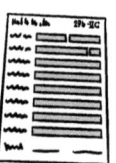

formular

формуляр

dokument

документ

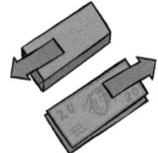

blej

купувам

paguaj

плащам

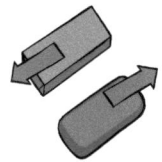

tregtoj

търгувам

para

пари

dollar

долар

euro

евро

jen

йена

rubla

рубла

franga zvicerane

швейцарски франк

juani kinez

ренминби юан

rupje

рупия

bankomat

банкомат

pikë këmbimi valutor

обменно бюро

ar

злато

argjend

сребро

nafta

нефт

energji

енергия

çmim

цена

kontratë

договор

taksë

данък

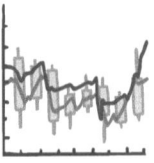

aksione

акция

punoj

работя

punonjës

служител

punëdhënës

работодател

fabrikë

фабрика

dyqan

магазин за цветя

oficer policie
полицай

zjarrfikës
пожарникар

kuzhinier
готвач

mjek
лекар

pilot
пилот

kopshtar

градинар

marangoz

мебелист

rrobaqepëse

шивачка

gjykatës

съдия

kimist

химик

aktor

артист

shofer autobuzi

шофьор на автобус

taksist

шофьор на такси

peshkatar

рибар

pastruese

чистачка

riparues çatish

майстор на покриви

kamarier

келнер

gjuetar

ловец

piktor

художник

furrxhi

хлебар

elektriçist

електротехник

ndërtues

строителен работник

inxhinier

инженер

kasap

касапин

hidraulik

тенекеджия

postieri

пощальон

ushtar

войник

arkitekt

архитект

arkëtar

касиер

luleshitës

цветар

berber

фризьор

kontrollor

кондуктор

mekanik

механик

kapiten

капитан

dentist

зъболекар

shkencëtar

научен работник

rabin

равин

imam

имàм

murg

монах

klerik

свещеник

mjete
инструменти

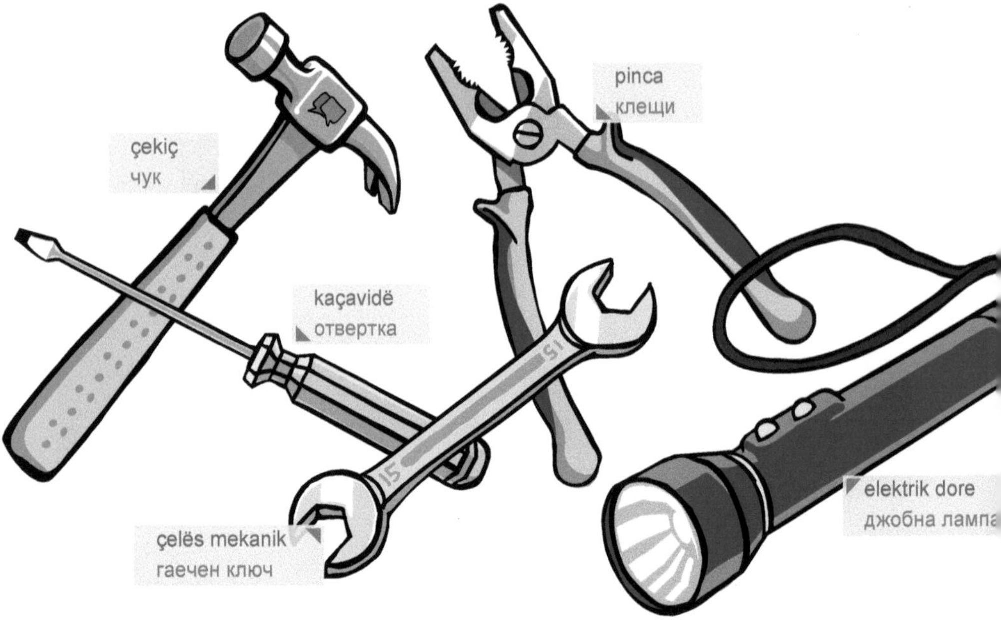

çekiç
чук
pinca
клещи
kaçavidë
отвертка
elektrik dore
джобна лампа
çelës mekanik
гаечен ключ

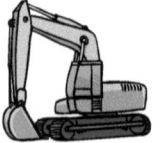

ekskavator

багер

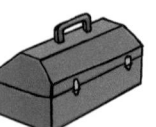

kuti veglash

кутия за инструменти

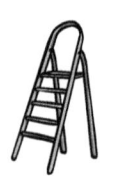

shkallë

стълба

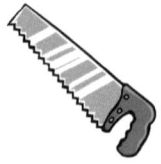

sharrë

трион

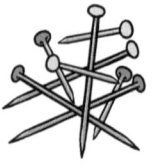

gozhdë

пирони

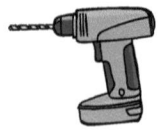

trapan

бормашина

riparoj
ремонтирам

lopatë
лопата

Dreq!
По дяволите!

kaci
лопатка за смет

kuti boje
кутия за боя

vidhë
болтове

instrumenta muzikorë
музикални инструменти

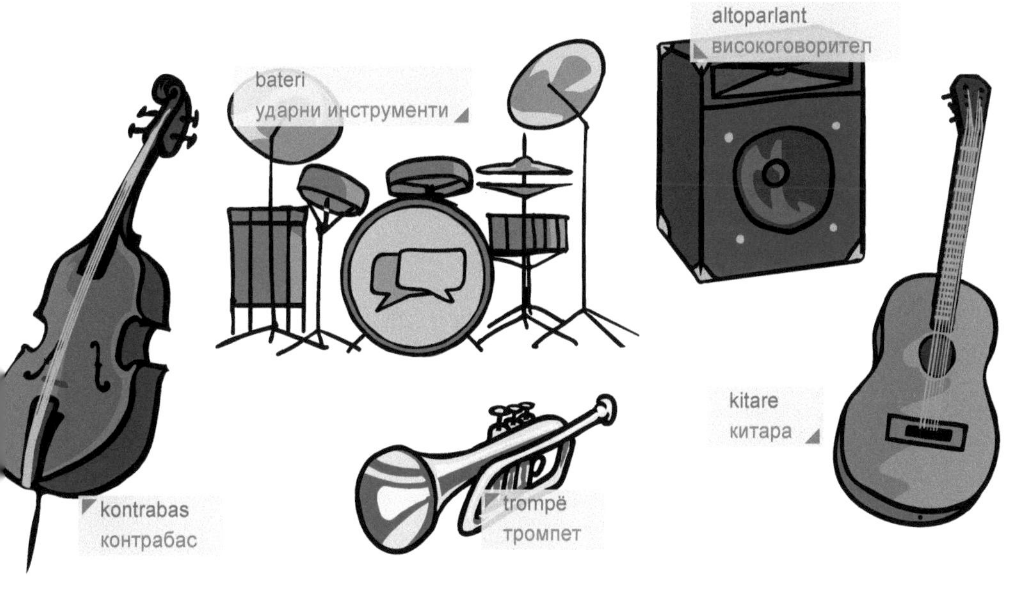

altoparlant
високоговорител

bateri
ударни инструменти

kitare
китара

kontrabas
контрабас

trompë
тромпет

piano
пиано

violinë
виолина

bas
контрабас

tamburë
тимпан

daulle
барабан

tastierë pianoje
електрическо пиано

saksofon
саксофон

flaut
флейта

mikrofon
микрофон

kopsht zoologjik

зоологическа градина

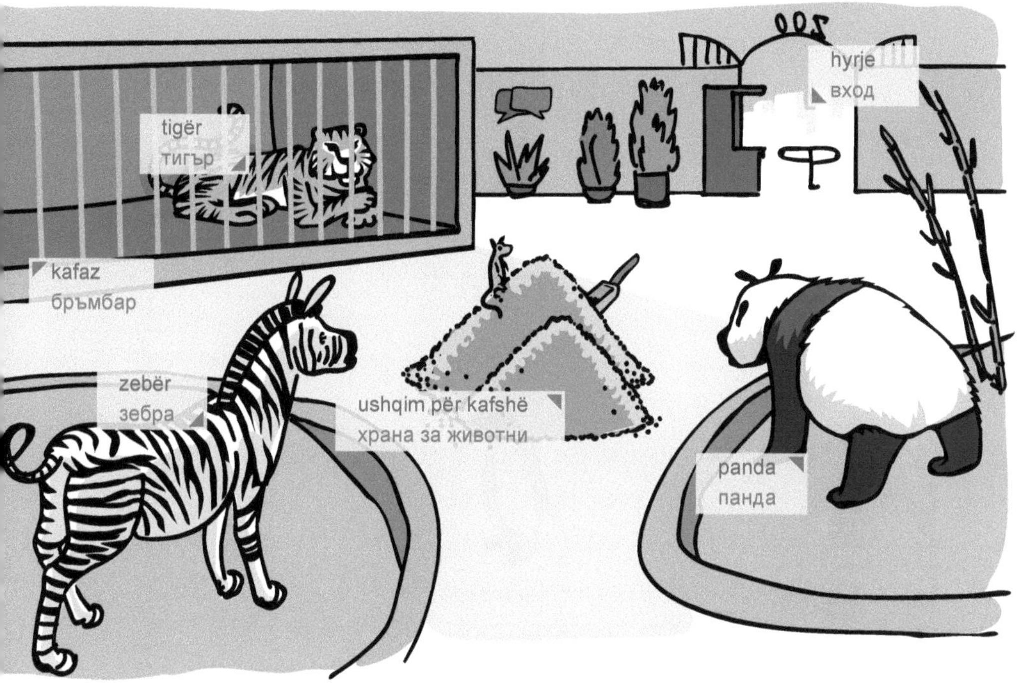

hyrje
вход
tigër
тигър
kafaz
бръмбар
zebër
зебра
ushqim për kafshë
храна за животни
panda
панда

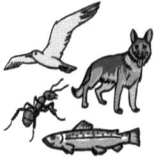

kafshë

животни

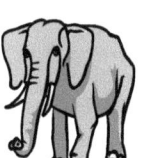

elefant

слон

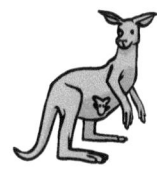

kangur

кенгуру

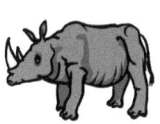

rinoceront

носорог

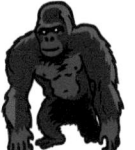

gorillë

горила

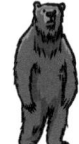

ari

мечка

deve

камила

struc

щраус

luan

лъв

majmun

маймуна

flamingo

фламинго

papagall

папагал

ari polar

бяла мечка

pinguin

пингвин

peshkaqen

акула

pallua

паун

gjarpër

змия

krokodil

крокодил

punonjës i kopshtit zoologjik

пазач в зоологическа
градина

fokë

тюлен

xhaguar

ягуар

kopsht zoologjik - зоологическа градина

poni
пони

leopard
леопард

hipopotam
хипопотам

gjirafë
жираф

shqiponjë
орел

derr i egër
диво прасе

peshk
риба

breshkë
костенурка

lopë deti
морж

dhelpër
лисица

gazelë
газела

futboll amerikan
американски футбол

çiklizëm
колоездене

tenis
тенис

basketboll
баскетбол

not
плуване

boks
бокс

hokej mbi akull
хокей на лед

futboll
футбол

badminton
бадминтон

atletikë
лека атлетика

hendboll
хандбал

ski
ски бягане

polo
поло

aktivitet
дейности

hidhem
скачам
përqafoj
прегръщам
qesh
смея се
eci
вървя
këndoj
пея
ëndërroj
сънувам
lutem
моля се
puth
целувам

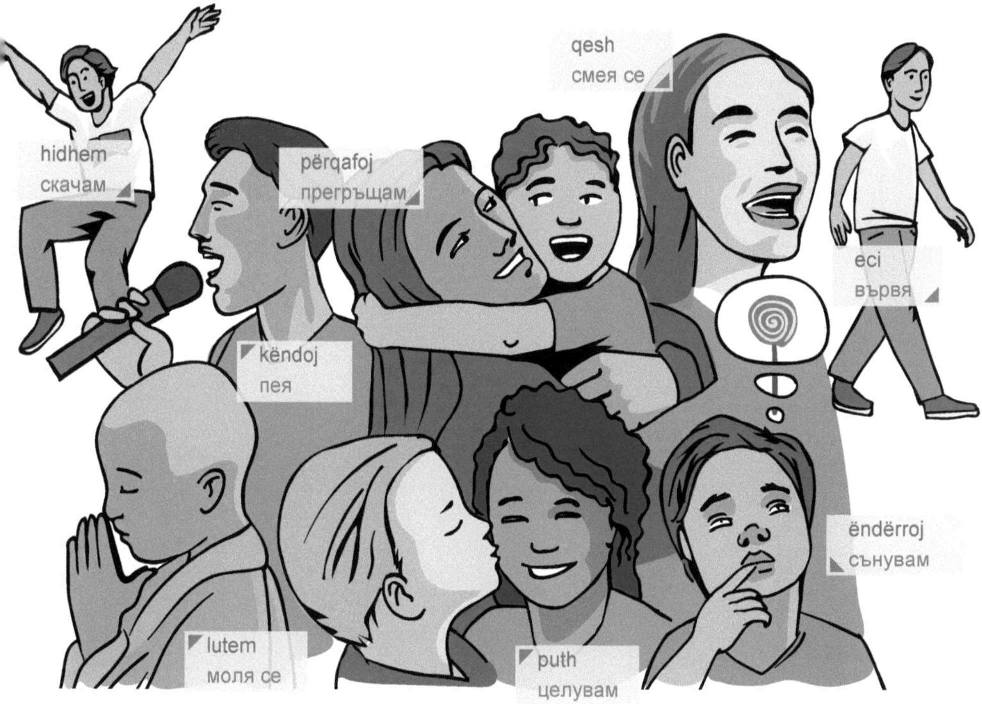

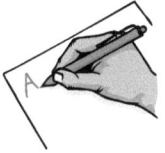

shkruaj

пиша

vizatoj

рисувам

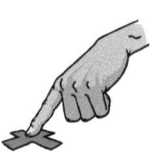

tregoj

показвам

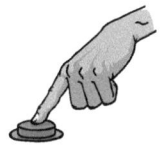

shtyj

бутам

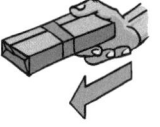

jap

давам

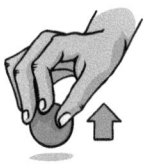

marr

взимам

kam

имам

bëj

правя

jam

съм

qëndroj

стоя

vrapoj

тичам

tërheq

дърпам

hedh

хвърлям

bie

падам

shtrihem

лежа

pres

чакам

mbaj

нося

ulem

седя

vishem

обличам

fle

спя

zgjohem

събуждам се

shikoj

разглеждам

qaj

плача

përkëdhel

милвам

kreh

реша се

bisedoj

говоря

kuptoj

разбирам

kërkoj

питам

dëgjoj

слушам

pi

пия

ha

ям

sistemoj

разтребвам

dashuroj

обичам

gatuaj

готвя

drejtoj makinën

карам автомобил

fluturoj

летя

aktivitet - дейности

lundroj

плавам (с платна)

llogaris

смятане

lexoj

чета

mësoj

уча

punoj

работя

martohem

женя се

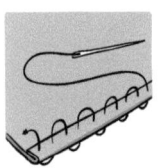

qep

шия

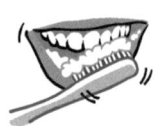

laj dhëmbët

измивам си зъбите

vras

убивам

tymos

пуша

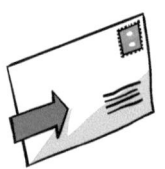

dërgoj

изпращам

familje

семейство

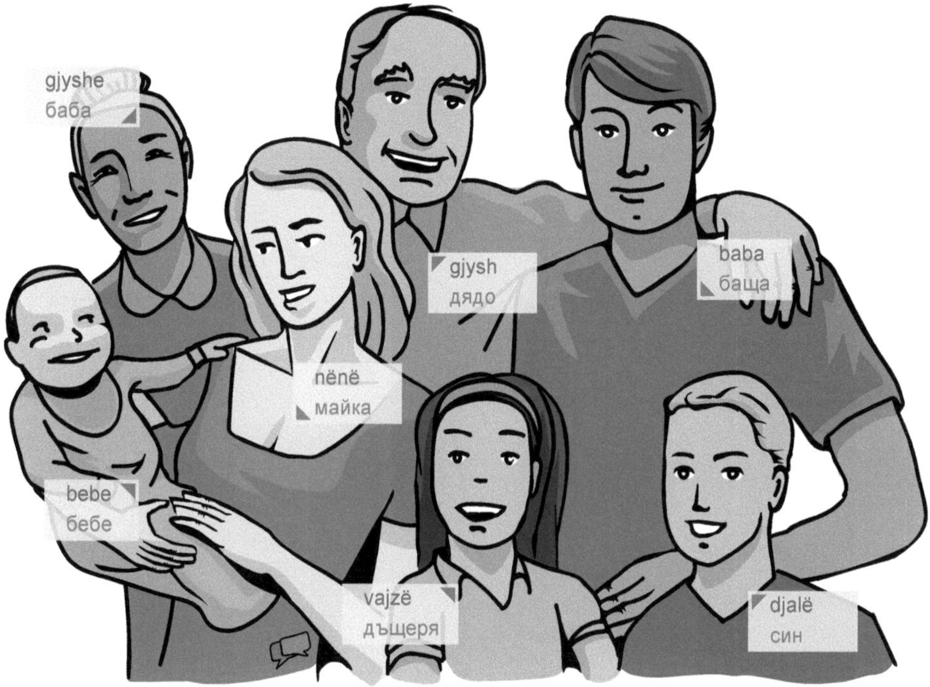

gjyshe
баба
gjysh
дядо
baba
баща
nënë
майка
bebe
бебе
vajzë
дъщеря
djalë
син

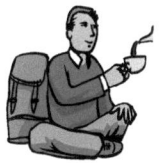

mysafir

посетител

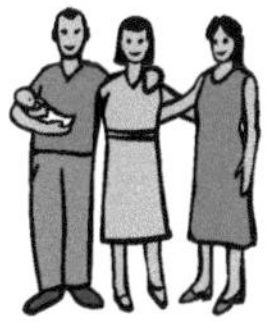

teze, hallë

леля

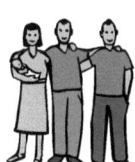

dajë, xhaxha

чичо

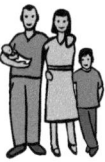

vëlla

брат

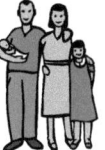

motër

сестра

trupi

тяло

balli
чело
syri
око
shpatulla
рамо
gishti
пръст
fytyra
лице
mjekra
брадичка
dora
ръка
këmba
крак
krahërori
гърди
krahu
ръка

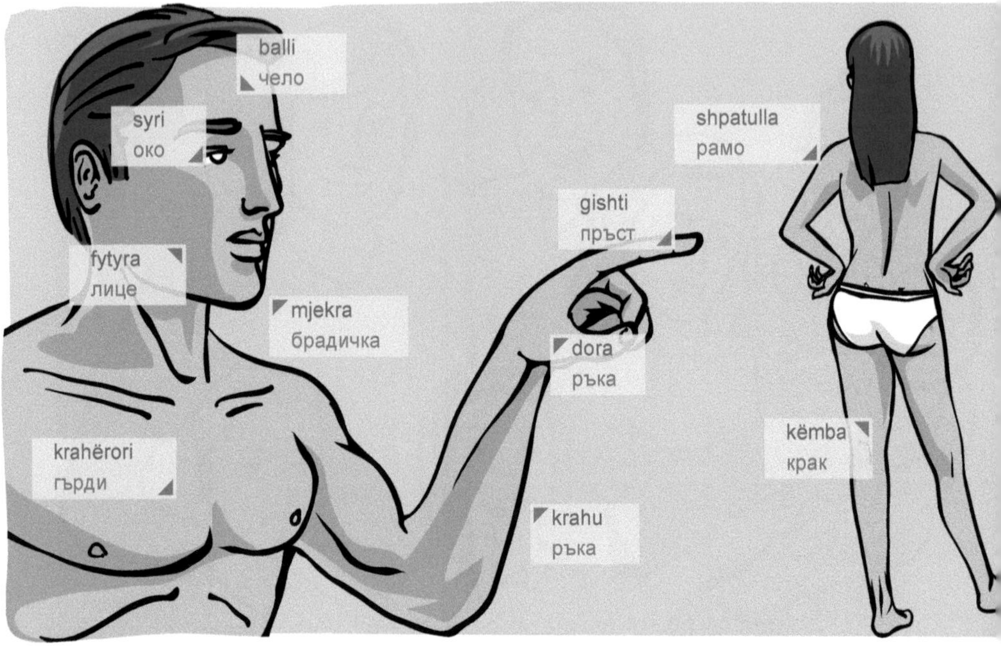

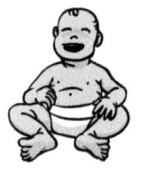

bebe

бебе

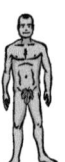

burrë

мъж

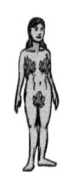

grua

жена

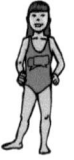

vajzë

момиче

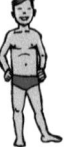

djalë

момче

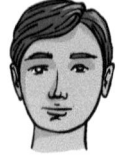

koka

глава

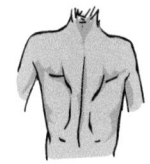

shpina

гръб

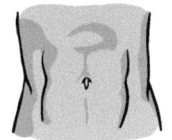

barku

корем

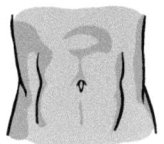

kërthiza

пъп

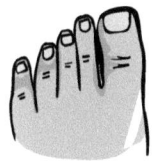

gisht këmbe

пръст на крака

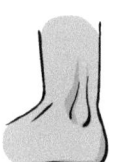

Thembra

пета

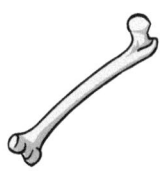

kockë

кост

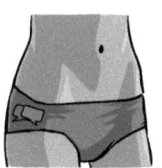

legeni

хълбок

gjuri

коляно

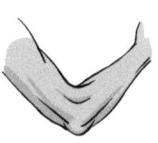

bërryli

лакът

hunda

нос

vithe

седалище

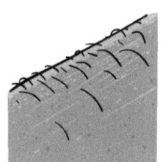

lëkura

кожа

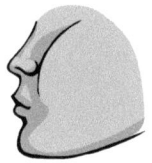

faqja

буза

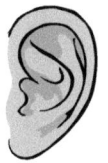

veshi

ухо

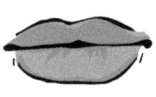

buza

устна

goja

уста

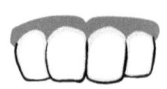

dhëmbët

зъб

gjuha

език

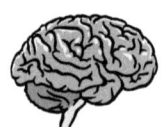

truri

мозък

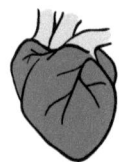

zemra

сърце

muskul

мускул

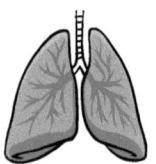

mushkëria

бял дроб

mëlçia

черен дроб

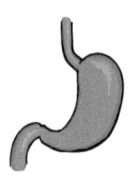

stomaku

стомах

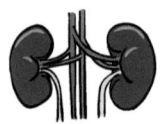

veshka

бъбреци

seks

полово сношение

prezervativ

кондом

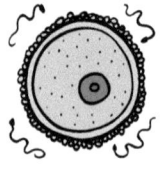

veza

яйцеклетка

sperma

сперма

shtatëzani

бременност

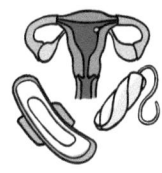

menstruacione

менструация

vagina

вагина

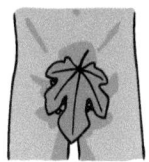

penis

пенис

vetulla

вежда

flokët

коса

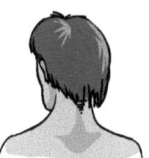

qafa

шия

spital
болница

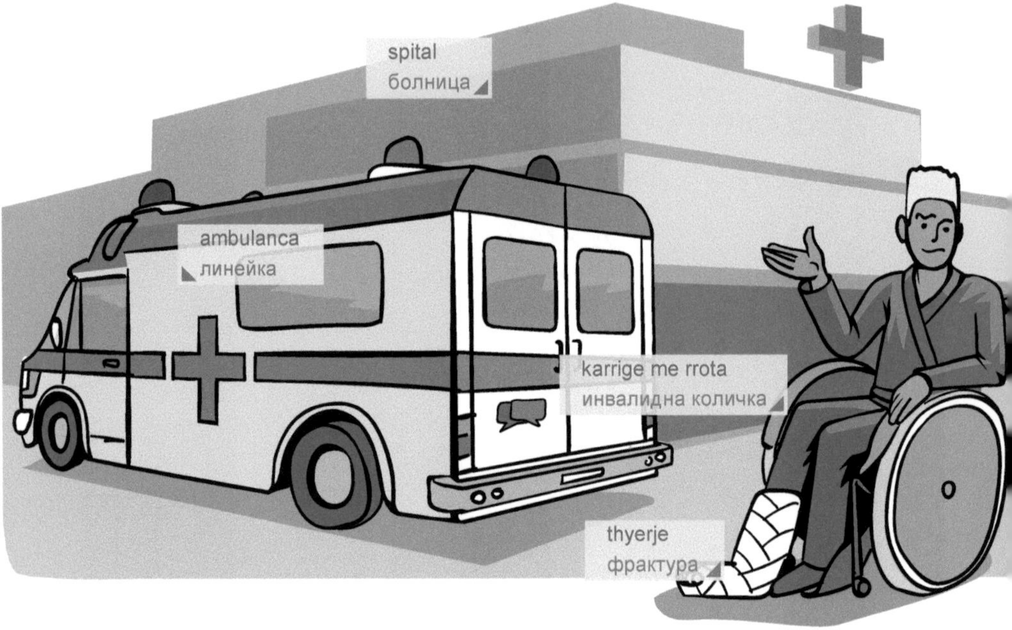

spital
болница
ambulanca
линейка
karrige me rrota
инвалидна количка
thyerje
фрактура

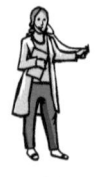

mjek
лекар

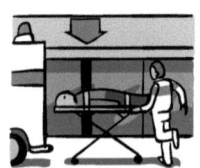

sallë urgjencash
спешна хоспитализация

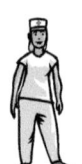

infermiere
медицинска сестра

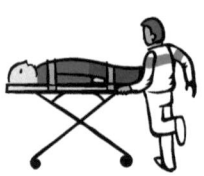

emergjencë
спешен случай

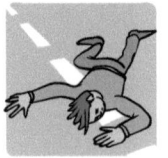

i pandërgjegjshëm
в безсъзнание

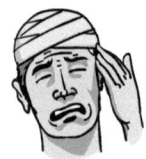

dhimbje
болка

dëmtim

нараняване

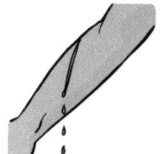

gjakosje

кървене

infarkt

инфаркт

goditje

инсулт

alergji

алергия

kolla

кашлица

ethe

температура

grip

грип

diarre

диария

dhimbje koke

главоболие

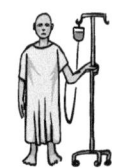

kancer

рак

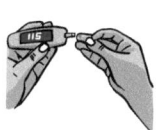

diabet

диабет

kirurg

хирург

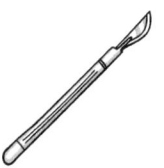

bisturi

скалпел

operacion

операция

CT (skaner)

компютърна томография

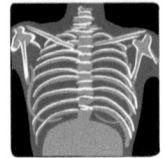

radiografi

рентген

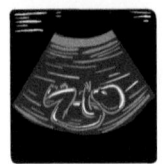

ultratingull

ултразвук

maskë fytyre

маска

sëmundje

болест

dhomë pritjeje

чакалня

paterica

патерица

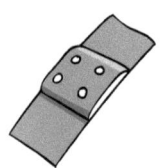

leukoplast

пластир

fasho

превръзка

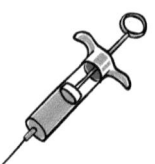

injeksion

инжекция

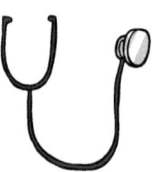

stetoskop

стетоскоп

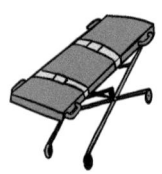

barelë

носилка

termometër

термометър

lindje

раждане

mbipeshë

наднормено тегло

spital - болница

aparat dëgjimi

слухов апарат

dezinfektant

дезинфекционно средство

infeksion

инфекция

virus

вирус

HIV / AIDS

HIV / AIDS

mjekësi, mjekim

медицина

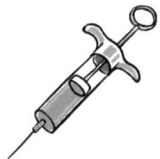

vaksinim

ваксинация

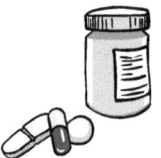

tableta

таблети

pilulë

противозачатъчна
таблетка

telefonatë emergjence

спешно телефонно
обаждане

aparat tensioni

апарат за измерване на
кръвното налягане

i sëmurë / i shëndetshëm

болен / здрав

Ndihmë!

Помощ!

alarm

сигнал за тревога

sulm

нападение

atak

атака

rrezik

опасност

dalje emergjence

авариен изход

Zjarr!

Пожар!

fikëse zjarri

пожарогасител

aksident

злополука

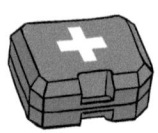

kuti e ndimës së shpejtë

комплект за оказване на
първа помощ

SOS

SOS

policia

полиция

Europa

Европа

Amerika e Veriut

Северна Америка

Amerika e Jugut

Южна Америка

Afrika

Африка

Azia

Азия

Australia

Австралия

Atlantiku

Атлантически океан

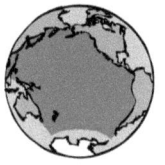

Paqësori

Тихи океан

Oqeani Indian

Индийски океан

Oqeani Antarktik

Южен ледовит океан

Oqeani Arktik

Северен ледовит океан

Poli i veriut

Северен полюс

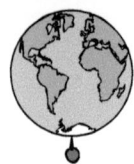

Poli i Jugut

Южен полюс

Antarktida

Антарктида

toka

Земя

tokë

суша

det

море

ishull

остров

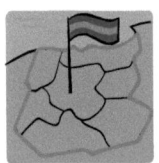

komb

нация

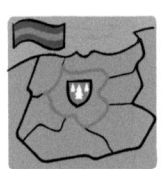

shtet

държава

fusha e orës

циферблат

akrepi i orës

стрелка на часовете

akrepi i minutave

стрелка на минутите

akrepi i sekondave

стрелка на секундите

Sa është ora?

Колко е часът?

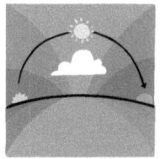

ditë

ден

kohë

време

tani

сега

orë dixhitale

дигитален часовник

minutë

минута

orë

час

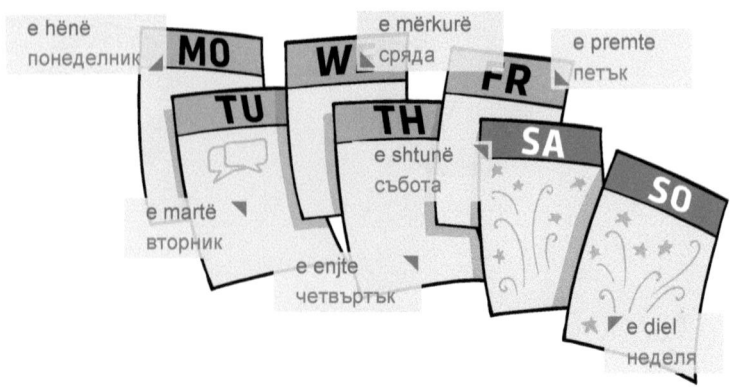

e hënë
понеделник

e mërkurë
сряда

e premte
петък

e martë
вторник

e shtunë
събота

e enjte
четвъртък

e diel
неделя

dje

вчера

sot

днес

nesër

утре

mëngjes

сутрин

mesditë

обед

mbrëmje

вечер

ditë pune

работни дни

fundjavë

уикенд

vit

година

shi
дъжд
ylber
дъга
erë
вятър
borë
сняг
pranverë
пролет
verë
лято
vjeshtë
есен
dimër
зима

4.APRIL 11°
5.APRIL 4°
6.APRIL 13°
7.APRIL 8°
8.APRIL 10°

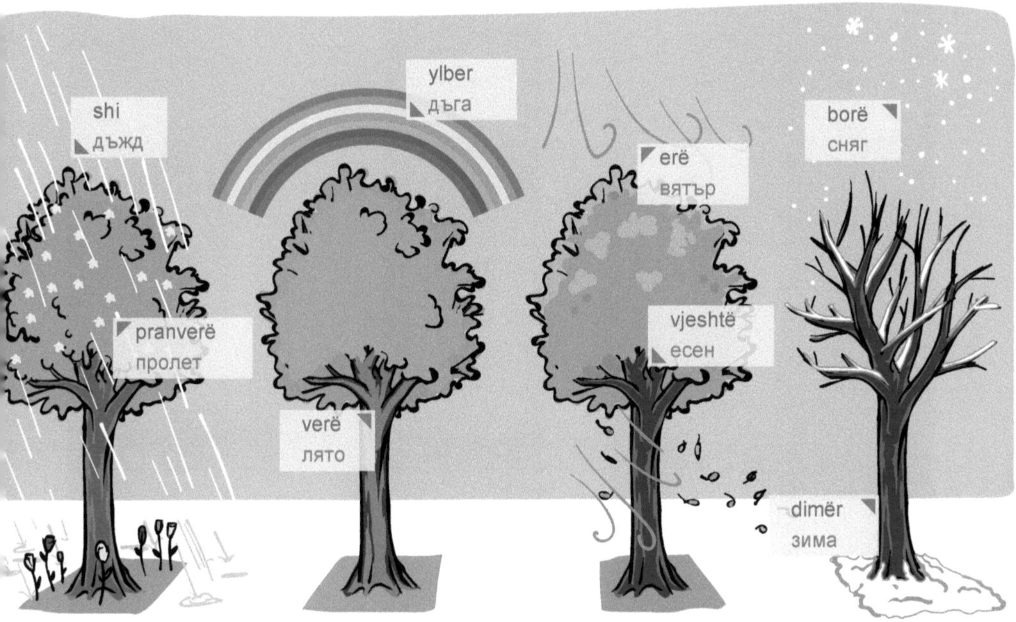

parashikimi i motit

прогноза за времето

F
C
120
90
60
30
0
-30
40
30
20
10
0
-10
-20

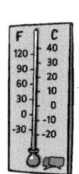

termometër

термометър

ndriçim dielli

слънчева светлина

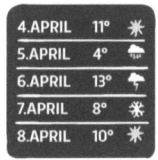

re

облак

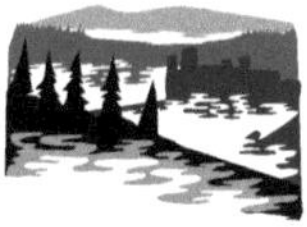

mjegull

мъгла

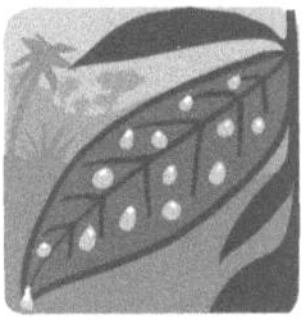

lagështi

влажност на въздуха

vetëtima

светкавица

gjëmim

гръмотевица

stuhi

буря

breshër

градушка

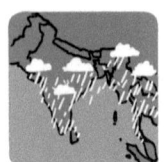

muson

мусон

përmbytje

наводнение

akull

лед

janar

януари

shkurt

февруари

mars

март

prill

април

maj

май

qershor

юни

korrik

юли

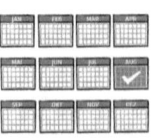

gusht

август

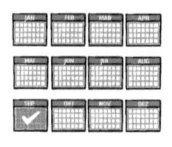

shtator

септември

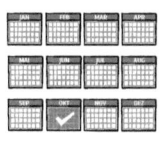

tetor

октомври

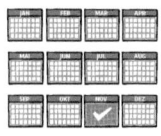

nëntor

ноември

dhjetor

декември

forma
форми

rreth

кръг

katror

квадрат

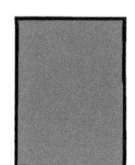

drejtkëndësh

четириъгълник

trekëndësh

триъгълник

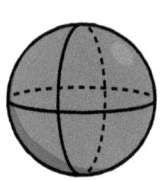

sferë

сфера

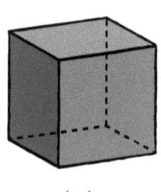

kub

куб

e bardhë

бял

e verdhë

жълт

portokalli

оранжев

rozë

розов

e kuqe

червен

vjollcë

лилав

blu

син

e gjelbër

зелен

kafe

кафяв

gri

сив

e zezë

черен

shumë / pak

много / малко

i nevrikosur / i qetë

ядосан / спокоен

i bukur / i shëmtuar

красив / грозен

fillim / fund

начало / край

i madh / i vogël

голям / малък

i ndritshëm / i errët

светъл / тъмен

vëlla / motër

брат / сестра

e pastër / e pistë

чист / мръсен

e plotë / jo e plotë

пълен / непълен

ditë / natë

ден / нощ

gjallë / vdekur

мъртъв / жив

i gjerë / i ngushtë

широк / тесен

i ngrënshëm / i pangrënshëm

ядлив / неядлив

i keq / i këndshëm

сърдит / любезен

i lumtur / i mërzitur

развълнуван / скучаещ

i shëndoshë / i dobët

дебел / тънък

e para / e fundit

най-напред / най-накрая

mik / armik

приятел / враг

plot / bosh

пълен / празен

e fortë / e butë

твърд / мек

e rëndë / e lehtë

тежък / лек

uri / etje

глад / жажда

i sëmurë / i shëndetshëm

болен / здрав

e paligjshme / e ligjshme

нелегален / легален

i zgjuar / budalla

интелигентен / глупав

majtas / djathtas

ляво / дясно

afër / larg

близо / далече

e re / e përdorur

нов / употребяван

asgjë / diçka

нищо / нещо

i moshuar / i ri

стар / млад

ndezur / fikur

вкл. / изкл.

hapur / mbyllur

отворен / затворен

i qetë / i zhurmshëm

тих / силен (звук)

i pasur / i varfër

богат / беден

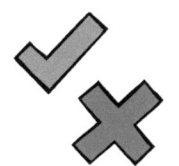

e drejtë / e gabuar

правилен / погрешен

i ashpër / i butë

грапав / гладък

i mërzitur / i lumtur

тъжен / щастлив

i shkurtër / i gjatë

дълъг / къс

ngadalë / shpejt

бавен / бърз

i lagësht / i thatë

мокър / сух

ngrohtë / freskët

топъл / студен

luftë / paqe

война / мир

0	**1**	**2**
zero	një	dy
нула	едно	две

3	**4**	**5**
tre	katër	pesë
три	четири	пет

6	**7**	**8**
gjashtë	shtatë	tetë
шест	седем	осем

9	**10**	**11**
nentë	dhjetë	njëmbëdhjetë
девет	десет	единадесет

12

dymbëdhjetë

дванадесет

13

trembëdhjetë

тринадесет

14

katërmbëdhjetë

четиринадесет

15

pesëmbëdhjetë

петнадесет

16

gjashtëmbëdhjetë

шестнадесет

17

shtatëmbëdhjetë

седемнадесет

18

tetëmbëdhjetë

осемнадесет

19

nentëmbëdhjetë

деветнадесет

20

njëzetë

двадесет

100

qind

сто

1.000

mijë

хиляда

1.000.000

milion

милион

anglisht

английски

anglishte amerikane

американски английски

kinezisht mandarin

китайски мандарин

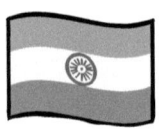

hindi

хинди

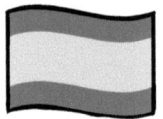

spanjisht

испански

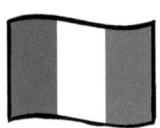

frëngjisht

френски

arabisht

арабски

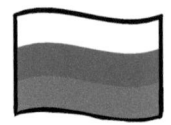

rusisht

руски

portugalisht

португалски

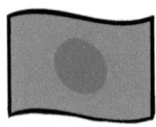

bengalisht

бенгалски

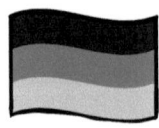

gjermanisht

немски

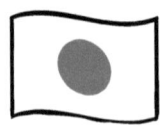

japonisht

японски

unë
аз

ti
ти

ai / ajo
той / тя / то

ne
ние

ju
вие

ata
те

kush?
кой?

çfarë?
какво?

si?
как?

ku?
къде?

kur?
кога?

emër
име

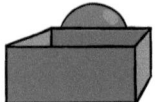

pas
....
зад

në
....
в

përballë
....
пред

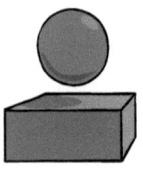

sipër
....
над

mbi
....
върху

poshtë
....
под

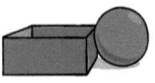

pranë
....
до

midis
....
между

vend
....
място